VENTE

Du Jeudi 18 Mars 1875

TABLEAUX

PAR

BIARD

Me BOUSSATON, COMMISSAIRE-PRISEUR

M. GEORGES MEUSNIER, EXPERT

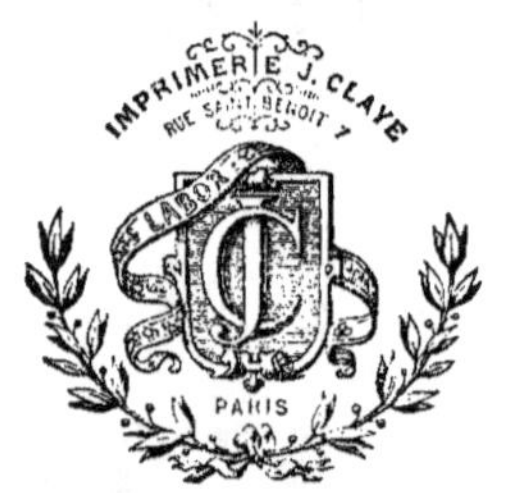

CATALOGUE

DE

TABLEAUX

PAR

BIARD

DONT LA VENTE PUBLIQUE AURA LIEU

HOTEL DROUOT, SALLE N° 9

Le Jeudi 18 Mars 1875

A TROIS HEURES

Mᵉ BOUSSATON

COMMISSAIRE-PRISEUR, 39, RUE DE LA VICTOIRE

ASSISTÉ DE **M. Georges MEUSNIER**, EXPERT

27, rue Neuve-Saint-Augustin

EXPOSITIONS

PARTICULIÈRE	PUBLIQUE
Le Mardi 16 Mars 1875	Le Mercredi 17 Mars 1875

DE 1 HEURE A 5 HEURES

CONDITIONS DE LA VENTE

Elle sera faite au comptant.

Les adjudicataires paieront *cinq pour cent* en sus des enchères, applicables aux frais.

AVANT-PROPOS

Jacques Arago a écrit autrefois, sur l'artiste dont nous annonçons la vente, cette page charmante :

« Lyon nous a donné des poëtes, des historiens, des philosophes, des mécaniciens, des peintres. Parmi ceux-ci et en première ligne, citons Biard, créateur d'un genre qu'on avait rêvé peut-être, mais que nul encore n'avait eu le courage d'exploiter. Ce n'est point la caricature, comme l'ont faite les Charlet, les Bellangé, les Teniers, les Callot, les Decamps. C'est une pensée toujours rieuse, caustique ; c'est le coup de lanière sur un ridicule, un sarcasme sur un travers. La main de Biard n'est point armée d'un pinceau, elle tient le fouet et la férule ; elle frappe, elle siffle, elle fait crier, mais les douleurs de la victime excitent le rire, et c'est pour cela qu'on peut dire avec raison que Biard est un peintre de mœurs. Ce qu'on doit le plus admirer dans ses tableaux, c'est l'esprit, c'est la vérité, c'est le pittoresque des détails, c'est la physionomie de ses personnages. Les rôles sont donnés : à chacun le sien, plaisant ou grave. En présence de ses toiles, vous assistez à un jeu, à une lutte, à une revue, à une scène, auxquels vous aussi vous prenez une part. Vous riez avec le joyeux convive, vous pensez avec le philosophe, vous folâtrez avec le bambin ou la jeune fille, vous criez avec le malheureux dont le rasoir entaille la joue, vous entendez les sons discordants de la clarinette de village qu'un magistrat homérique a placée en tête de la formidable garde nationale défilant sous son balcon... Biard veut que vous soyez un personnage de ses tableaux.

« On se rappelle, comme d'hier, le triomphe de notre peintre lors de sa première apparition au Musée. On criait en s'abordant, on se donnait la main en se disant : L'as-tu vu? n'est-ce pas que c'est piquant, original, curieux?... et la foule entourait les cadres de Biard, et la gravure se disputait ses grandes et ses petites créations. Mais quand le peintre se fut rassasié des scènes amusantes qu'il traduisait à sa barre impitoyable, il alla chercher au loin de nouvelles émotions, de nouvelles études, de nouveaux spectacles... il part vers le pôle, il est en face d'un monde inconnu de la foule ; il nous le rapportera tel qu'il le voit, tel qu'il est, avec ses glaces éternelles, avec ses aurores si merveilleuses, avec ses avalanches, avec ses ours dévorateurs et ses scènes de deuil, qui ont jeté sur la côte tant de cadavres d'hommes et de navires. Biard est devenu grave, solennel comme le ciel d'airain qui pèse sur sa tête, comme l'ouragan qui balaye l'espace, comme le chaos qui l'accompagne, comme l'imposante solitude qui l'entoure. Sa palette a de la réflexion ; elle revient du Groënland et du Spitzberg, séjour désolé du phoque et de la baleine, où le voyageur ne porte ses pas que lorsqu'il y est poussé par l'étude et par cette ardente passion de voir qui ne peut naître que dans les âmes élevées... »

La vente que nous présentons aujourd'hui au public se compose principalement de tableaux appartenant à cette dernière phase du talent de M. Biard. Les habitués de l'hôtel Drouot n'apprendront pas sans intérêt par quel enchaînement de circonstances le peintre est devenu tout à coup explorateur.

Après la bataille de Navarin, la corvette *la Bayadère* fut envoyée par l'amiral de Rigny sur les côtes de Syrie et en Égypte pour faire amener chez nos consuls le pavillon français. Biard alors fort jeune faisait partie de l'équipage. De cette époque date la série d'études qu'il est allé chercher soit à l'extrême nord, soit à l'extrême sud. Rentré dans la vie privée, il se mit sérieusement à peindre, obtint toutes les médailles à partir de 1827 et la croix de la Légion d'honneur en 1838, visitant chaque été les capitales de l'Europe et faisant un second voyage en Afrique.

Il venait de terminer son tableau qui est gravé, *Embarcation attaquée par les ours blancs,* lorsque le roi Louis-Philippe, en complimentant M. Biard, lui apprit qu'une grande expédition scientifique se préparait pour les régions polaires et lui dit en riant : « Vous qui avez deviné la nature boréale, pourquoi n'iriez-vous pas savoir si elle a encore quelque chose à vous apprendre? » Il n'en fallait pas tant pour décider l'artiste à partir. Un mois après, Biard traversait la Hollande, le Danemark, la Suède, la Norvége, s'embarquait à Dronthem et à travers les nombreux écueils de la mer du Nord, passant près des gouffres du Maëlstrom, arrivait à Hammerfest, île voisine du cap Nord.

Là il fit une halte d'un mois, peignit des Lapons, en attendant la corvette *la Recherche,* avec laquelle il atteignit le 80ᵉ degré de latitude nord, fit dans cette campagne le panorama de Magdalena-Bay au Spitzberg, dans le voisinage des glaces éternelles, des banquises et des ours blancs. De

retour sur le continent européen, il se procure des guides,
des chevaux, une tente, dit adieu à ses compagnons de la
corvette et, à l'entrée de l'hiver, entreprend de traverser les
affreux déserts de la Laponie, couchant à terre et dessinant
chaque nuit des aurores boréales ; puis, arrivé aux bords de
la Tornéa, il donne congé à ses guides, s'embarque de nou-
veau, faisant jusqu'au golfe de Botnie une centaine de lieues,
en franchissant de nombreuses cascades. La plus grande et
la plus dangereuse, appelée Leyanpaïka, lui a inspiré un
tableau qui a figuré pendant plusieurs années au Musée du
Luxembourg. Biard a rapporté de ce périlleux voyage un
rhumatisme aigu.

Dans le livre qu'il a écrit, ayant pour titre *Deux
Années au Brésil* (édité par la librairie Hachette), il raconte
du reste ses impressions dans les forêts vierges, au milieu
des diverses tribus sauvages, sa navigation dans un canot ou
plutôt un tronc d'arbre, sur l'Amazone, le Rio-Negro et le
Rio-Madeiro, seul au milieu d'Indiens hostiles, brisé par les
fièvres et les privations de toutes sortes. Il dut faire à peu
près douze cents lieues pour revenir au Para. De là il était
naturel de rentrer de suite en Europe, mais il fallait voir
encore les États-Unis, le Canada, les chutes du Niagara et à
la fin de décembre passer de la chaleur des tropiques aux
neiges et aux glaces. Et en accomplissant ses études, il rap-
porta cette fois en France les fièvres qui ne l'avaient pas
quitté.

Tous ces voyages, M. Biard les a entrepris absolument à

ses frais et sans attaches officielles, afin de pouvoir n'écouter que sa volonté. On comprendra sans peine que des explorations aussi lointaines aient été fort coûteuses, quand il arrivait au voyageur, par exemple, de donner, en guise de pourboire, le bateau ou la voiture qu'il avait dû acheter pour effectuer un passage difficile. D'ailleurs, M. Biard quittait sa somptueuse habitation de la place Vendôme, les salons où il était fêté, la cour où la famille royale le tenait en haute estime, tout ce qui attache au rivage, enfin un homme heureux et apprécié.

Aujourd'hui M. Biard, qui est né avec le siècle, ne s'en porte pas beaucoup plus mal; mais le moment lui paraît venu de livrer aux enchères un certain nombre de scènes de voyage dont il avait hésité jusqu'ici à se défaire. Cet aimable philosophe, qui dans son ermitage des Plâtreries, près de Fontainebleau, se venge des dangers d'autrefois en prenant de petits oiseaux à la glu, évoquera demain, pour beaucoup de nos contemporains, les succès retentissants dont la génération précédente a certainement gardé le souvenir.

ERNEST FILLONNEAU.

NOTA

Tous les tableaux, à l'exception de quelques-uns, exécutés en Europe, ont été peints d'après des études faites sur nature en Asie, en Afrique, dans les deux Amériques et dans les mers glaciales, sur la côrvette *la Recherche,* dans son expédition scientifique au pôle Nord en 1839.

DÉSIGNATION

EXPÉDITION SCIENTIFIQUE DE LA CORVETTE

LA RECHERCHE AU PÔLE NORD

1. — Le Pont de la corvette *la Recherche* à Magdalena-Bay, au Spitzberg, par le 79° 23′ latitude nord.

2. — Le Géologue de l'expédition dans l'ile Scherry, dite l'Ile aux Ours.

3. — Le Renard noir pris au piége.

4. — Chasse au Phoque.

5. — Chasse au Renne dans les déserts de la Laponie.

6. — Chasse à l'Ours blanc.

7. — Grand Glacier au Spitzberg, effet d'aurore boréale.

8. — Chasse à l'Edder, par des femmes groënlandaises.

9. — Un Rendez-vous dans les mers polaires.

10. — Intérieur d'une tente de Lapons.

11. — Le Dernier.

AMÉRIQUE DU NORD

12. — Les Chutes du Niagara.

13. — En wagon, dans l'Amérique du Nord.

AMÉRIQUE DU SUD

14. — Portrait de l'empereur du Brésil.

15. — Fête de saint Benoît, chez les Indiens civilisés.

ASIE MINEURE

AFRIQUE

24. — L'Inondation du Nil.

DIVERS

25. — Cour du palais des ducs d'Infantado, à Guadalaxara.

26. — Posada espagnole.

27. — Les Convives en retard.

28. — Le Pêcheur en danger.

29. — Une Saisie mobilière.

30. — Déjeuner dans un jardin d'hiver.

31. — Propriétaire faisant les honneurs de son jardin d'hiver.

32. — Une Chasse à la pipée.

33. — Méditation.

34. — Suites d'un naufrage dans la Nouvelle-Zélande.

35. — Hudson et son fils abandonnés sur la mer qui porte
son nom.

36. — Le Mammouth d'Adams, découvert à l'embouchure
de la Léna.

37. — Pêche par des femmes sauvages.

38. — Le Lieutenant Bisson, se faisant sauter plutôt que de
se rendre aux pirates.

> Bisson (Hippolyte), lieutenant de marine, né en 1796, à
> Guéméné en Bretagne, fut chargé, pendant l'expédition de
> Grèce, de commander un brick pris sur les Turcs par la
> flotte de l'amiral de Rigny. Pendant la nuit du 6 novem-
> bre 1827, une brume épaisse le détache du gros de la
> flotte : il se trouve jeté sur l'île Stampalie occupée par les
> pirates; à un signal parti du navire, mille barques l'entou-
> rent; il tombe aux mains de l'ennemi; il serre une dernière
> fois la main du pilote *Trémentin,* et fait sauter le navire.

39. — Casa-Bianca, capitaine de vaisseau, commandant de

l'*Orient*, blessé à mort au combat d'Aboukir, refuse de quitter son navire incendié; son jeune fils, âgé de quatorze ans, veut mourir avec lui (1798).

40. — Le Capitaine Pléville, amputé de la jambe droite, n'ayant pu décider personne à porter secours à un navire anglais en perdition, se fait attacher et, par un violent orage, descend d'un rocher à pic et sauve le vaisseau du capitaine Jarvis.

41. — La Ressemblance contestée.

PARIS. — J. CLAYE, IMPRIMEUR, 7, RUE SAINT-BENOIT. — [498]